KeinBuch®

FUSSBALL

KeinBuch®

FUSSBALL

90 Dinge,
die Fußball
immer und über-
all zu einer
runden Sache
machen

eichborn

1. Auflage, 2011

Redaktion und Produktion:
mixtvision Verlag, München
Grafik und Gestaltung:
Karin Diederichsen
ISBN 978-3-8218-3684-3
Druckerei C. H. Beck, Nördlingen

Eichborn Verlag,
Kaiserstraße 66,
60329 Frankfurt am Main
Mehr Informationen zu Büchern und Hörbüchern
aus dem Eichborn Verlag finden Sie unter www.eichborn.de

Dieses Produkt kann süchtig machen.
Trage das Buch immer und überall bei dir. Im Laufe der Bearbeitung können Rückstände von Wurst, Bier und Wolle an dir zurückbleiben.
Das ist Absicht und kennzeichnet dich als wahren KeinBuch-Fußball-Besitzer.
Du wirst Neid und Anerkennung erfahren.
Lerne, damit umzugehen.

Zutaten: Fußball (80%), Mut (8%), Rasen (5%), Senf (4%), Spielerfrauen (3%)

Hinweis für Allergiker:
Das Buch kann Spuren von Fußball enthalten.

Schau, was andere mit den KeinBüchern so treiben und mach mit!

www.keinbuch-fussball.com
www.facebook.com/keinbuch

Spiele Kommentatoren-BINGO!

B

I

N

“Ein Tor würde dem Spiel guttun!”

Lose typische Kommentatoren-Sprüche zu

"Die Mannschaft
hat noch nicht
ins Spiel gefunden."

und hake sie während des Spiels ab!

Platz für dumme
Fußballfragen:

Pop-up-Tor

Du brauchst:
ein Cuttermesser, Kleber
und ein bisschen Gefühl ...

------- = Schneiden

— — — = Knicken

• • • • • = Kicken!

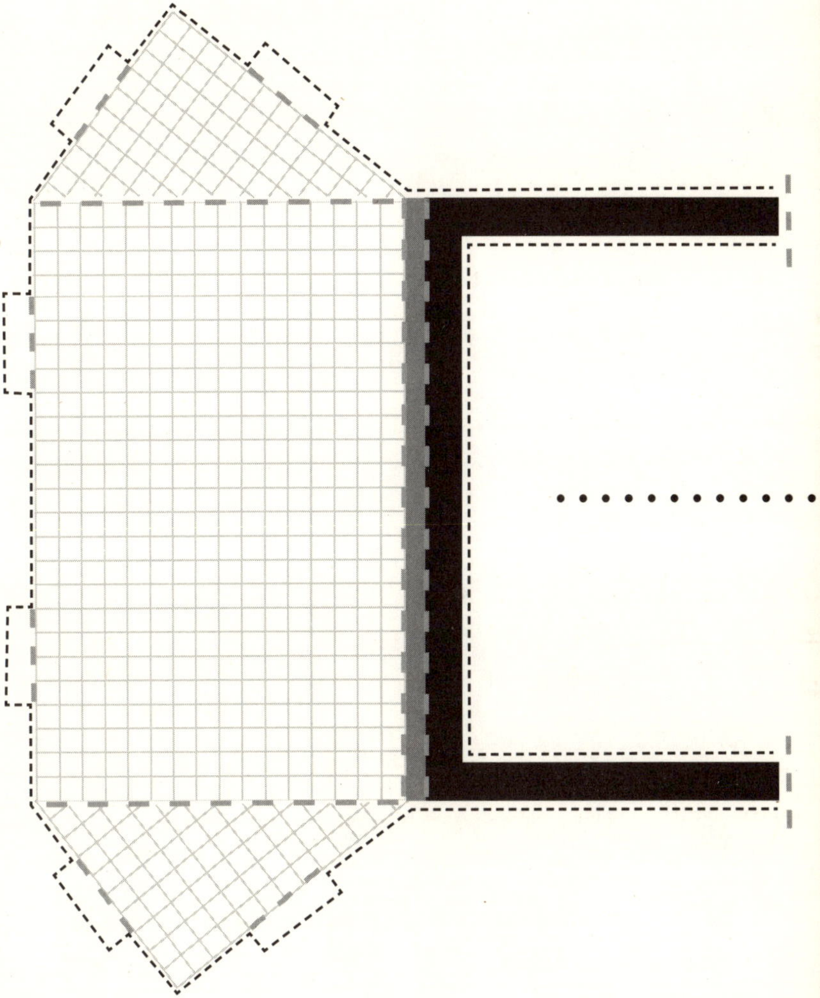

TRINKSPIEL:

Spieler

Also:
Das Spiel - beim Spiel
in eurer Kneipe, etc.:

Jeder bekommt einen
Spieler zugewiesen.
Wird dieser vom
Kommentator genannt,
gibt`s einen Strich!

5 Striche = 1 x auf Ex!

Schlecht gepfiffen?
Hier kannst du Schiri-Voodoo praktizieren:

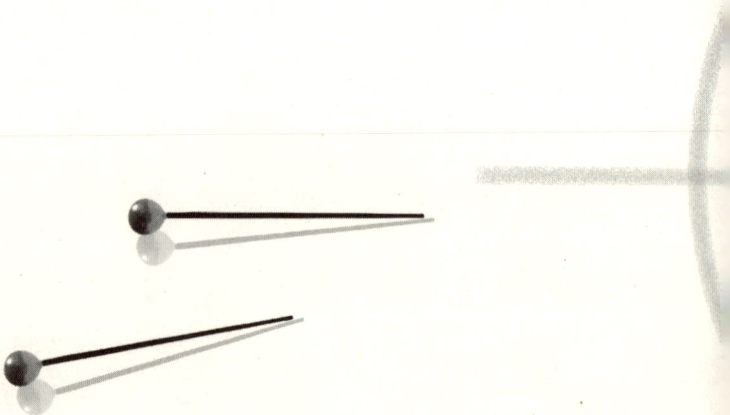

Mixtape: Fußballlieder für 90 Minuten

54, 74, 90, 20..

Olé, olé, olé olé, …

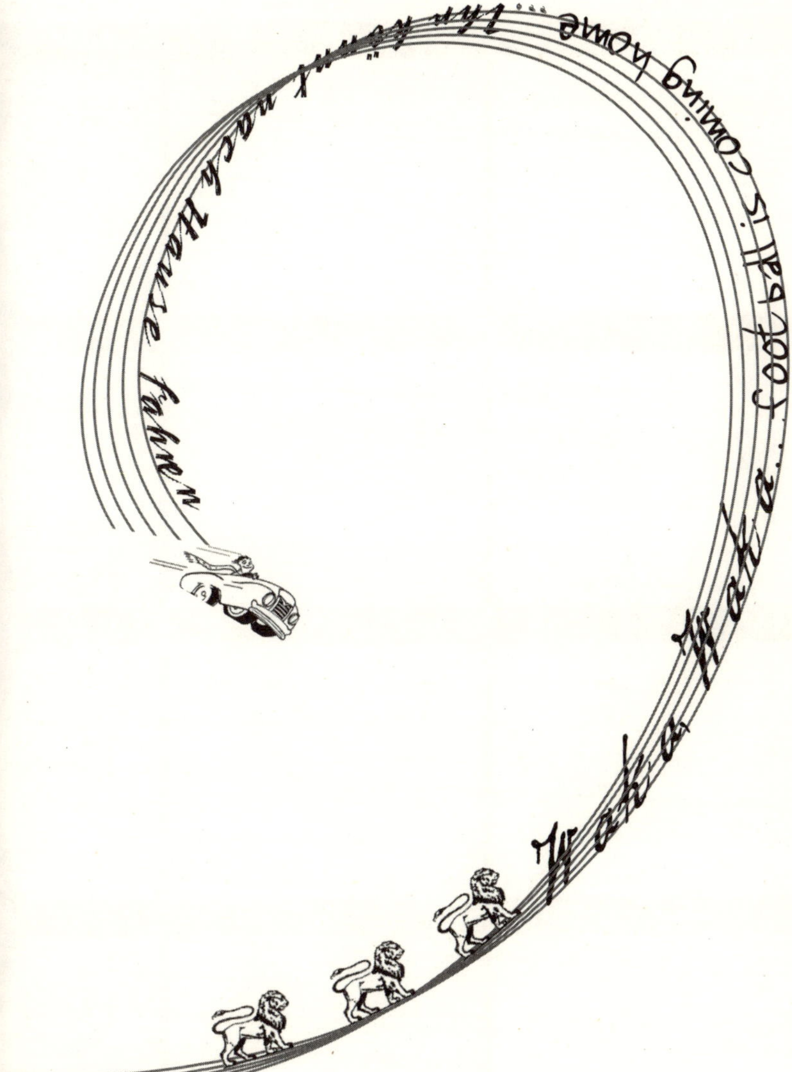
Waka Waka...
football is coming home
... Ihr könnt nach Hause fahren

SPIELPLAN FÜR DEIN EIGENES

VORRUNDE

SPIEL	DATUM	ZEIT	ORT	BEGEGNUNG			
GRUPPE A							
				:		:	
				:		:	
				:		:	
				:		:	
				:		:	
				:		:	
GRUPPE B							
				:		:	
				:		:	
				:		:	
				:		:	
				:		:	
				:		:	
GRUPPE C							
				:		:	
				:		:	
				:		:	
				:		:	
				:		:	
				:		:	
GRUPPE D							
				:		:	
				:		:	
				:		:	
				:		:	
				:		:	
				:		:	

FUSSBALLGROSSEREIGNIS

VIERTELFINALE **HALBFINALE** **FINALE**

ABSCHLUSSTABELLE
Gruppe D

	:	
	:	
	:	
	:	

ABSCHLUSSTABELLE
Gruppe C

	:	
	:	
	:	
	:	

ABSCHLUSSTABELLE
Gruppe B

	:	
	:	
	:	
	:	

ABSCHLUSSTABELLE
Gruppe A

	:	
	:	
	:	
	:	

VIERTELFINALE

1. Gruppe C - 2. Gruppe D Datum Zeit

3 :

Ort

1. Gruppe D - 2. Gruppe C Datum Zeit

4 :

Ort

VIERTELFINALE

1. Gruppe A - 2. Gruppe B Datum Zeit

1 :

Ort

1. Gruppe B - 2. Gruppe A Datum Zeit

2 :

Ort

HALBFINALE

Sieger VF 1 - SIEGER VF 2 Datum Zeit

:

Ort

HALBFINALE

Sieger VF 3 - Sieger VF 4 Datum Zeit

:

Ort

FINALE

:

Phrasenschwein

Und hier endet  jahrelange ....

einander.
über-
kannst
finden
die Du
Fußballsammelbilder
alle
Klebe

... Sammlerleidenschaft:

Gibt es Gründe gegen *Frauenfußball*?

vielleicht den:

1
2
3

Bastle deine eigene Torwand

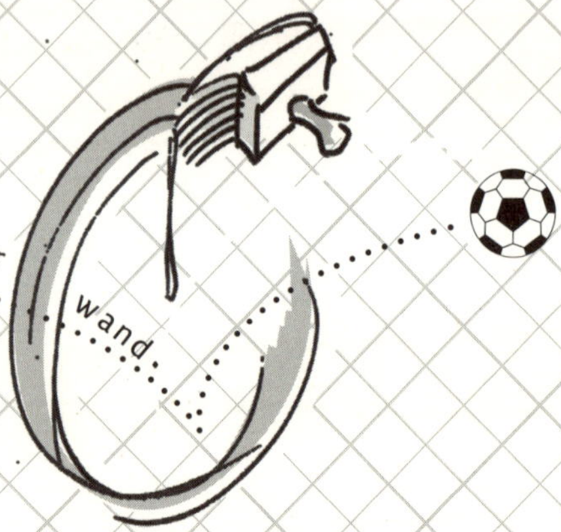

LEGE DAS BUCH
DAMiT ER GERADE

UNTER DEN KiCKER,
STEHT.

Sähe den
perfekten
perfekten
perfekten
perfekten
perfekten
perfekten
perfekten
perfekten
perfekten
perfekten

perfekten

p e r f e k t e n

perfekten
perfekten
perfekten
perfekten
perfekten
perfekten
perfekten
perfekten
perfekten
perfekten
perfekten
perfekten
perfekten
perfekten
perfekten
Fußballrasen
ins Buch.

Organisiere die KEINBUCH-FUSSBALL-LAOLA.

Wenn das Tor mal wieder umfällt ...

dann nehme man

oder:

oder:

Wenn`s mal wieder
länger dauert!

Die 10 besten
Bücher für die
Ersatzbank!

Schaffe dein erstes,
eigenes Stickerbild!
Von dir oder von ...

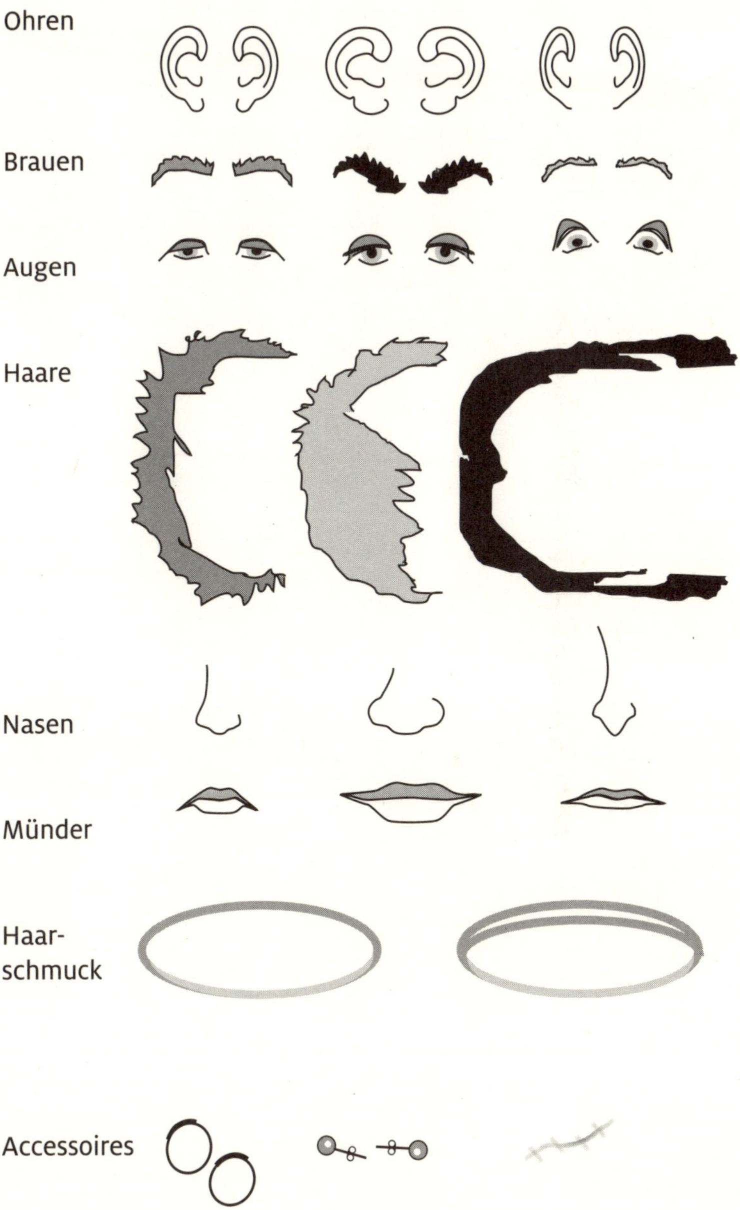
Ohren
Brauen
Augen
Haare
Nasen
Münder
Haar-
schmuck
Accessoires

Die lustigsten Spitznamen für

"Squadra Azzurra"

ITALIEN

Les Bleus

FRANKREICH

Elfta

HOLLAND

ELFENBEINKÜSTE

SELEÇÃO
BRASILIEN

La Furia Roja
SPANIEN

NATI
Schweiz

Aufwärm

1. 2. 3.

stapel hoch!
mindestens
10 mit Inhalt!

mach das KeinBuch
zum Quadrat!

eine Dose Erdnüsse ins Tor!

programm

balanciere 10 Minuten
eine Chipstüte!

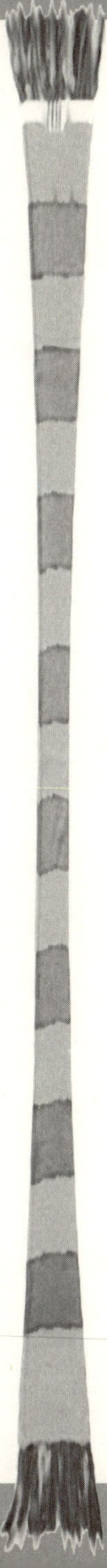

ziiiiiieh deinen Fußballschal.....bis.....zur.......Decke!

lass
dir
was
einfallen!

Schreibe einen fiesen Spruch ...

und stecke sie deinem

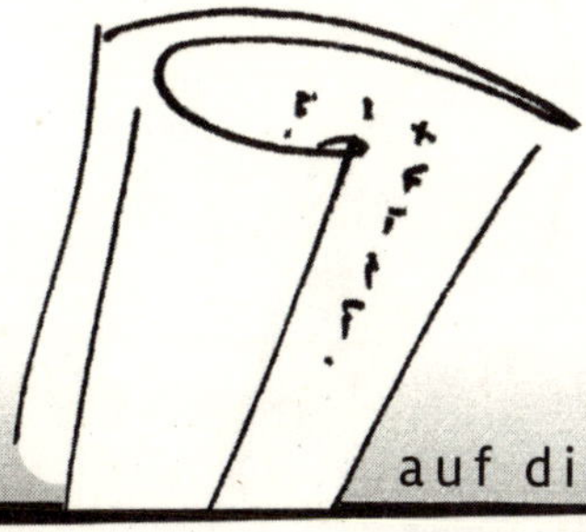

auf diese Seite,

Gegenspieler in den Stutzen.

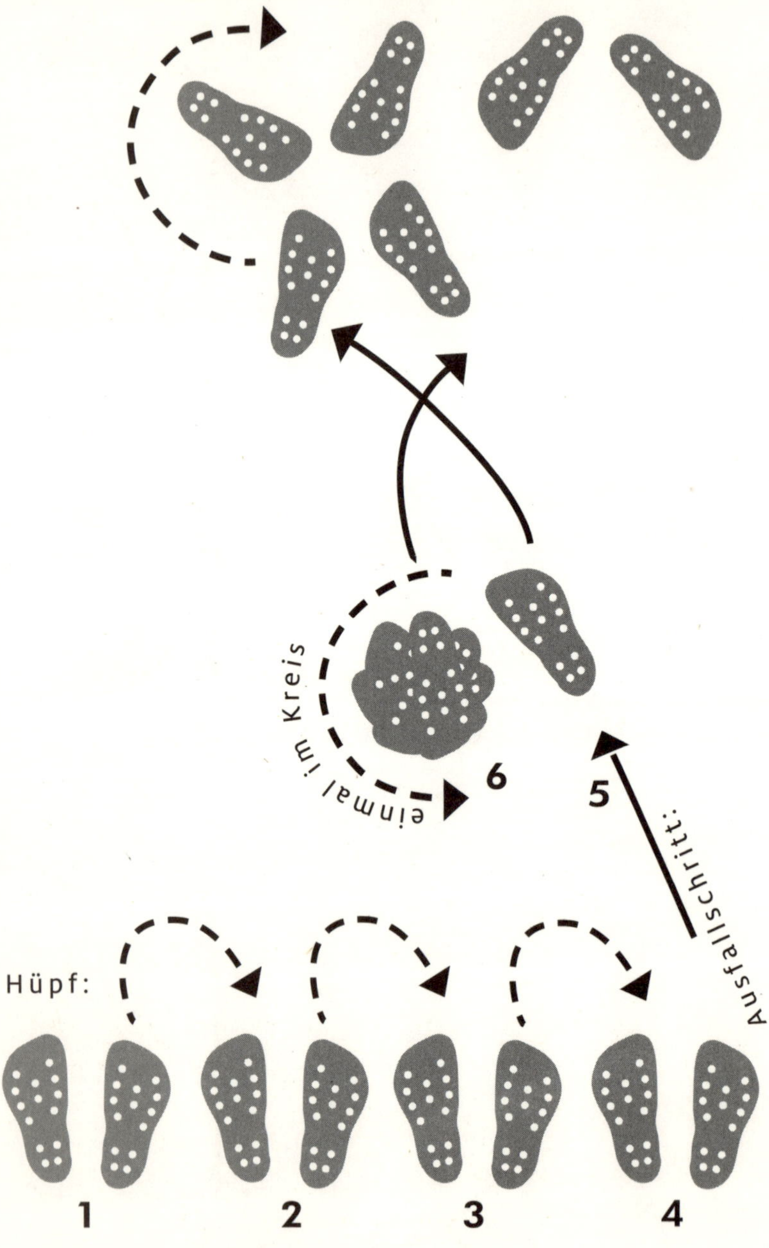

Anleitung für den schönsten Torjubel

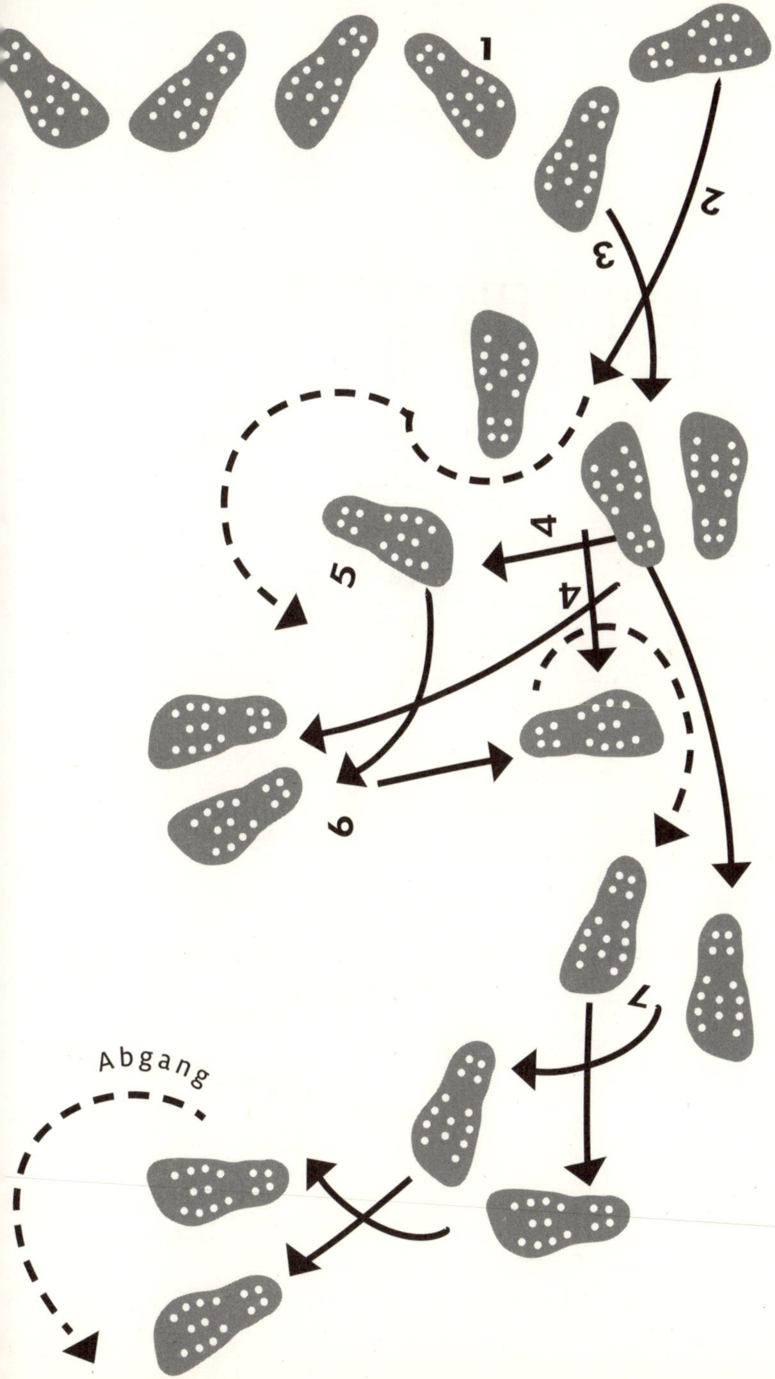
1
2
3
4
4
5
6
7
Abgang

Wie komme ich nur in die VIP-Lounge?

erstmal einen Barcode,

einen passenden NAMEN

eine überzeugende Firmenzugehörigkeit:

WIKI-FEET

TV-SOCCERSUCHT

LIBEROMANIA-ONLINE

....

....

....

....

alle ankreuzen. ☒☒☒☒☒
Fertig!

Kickermode für das nächste

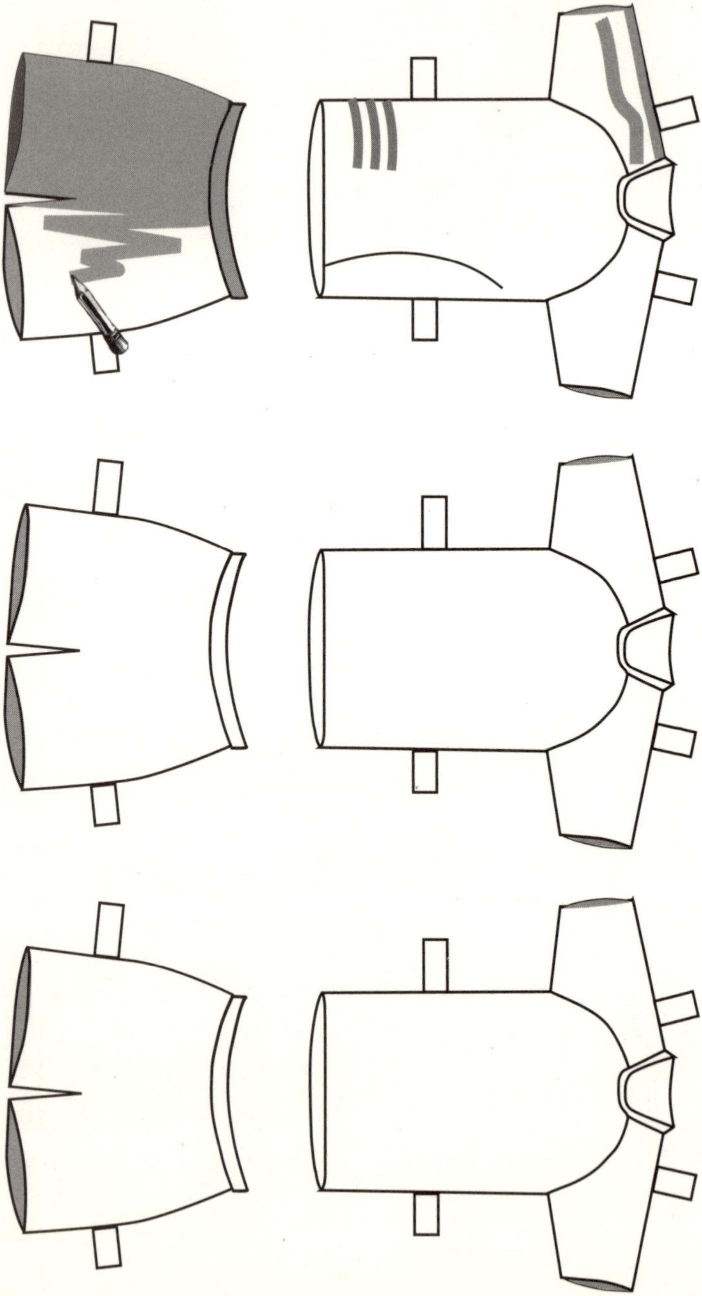

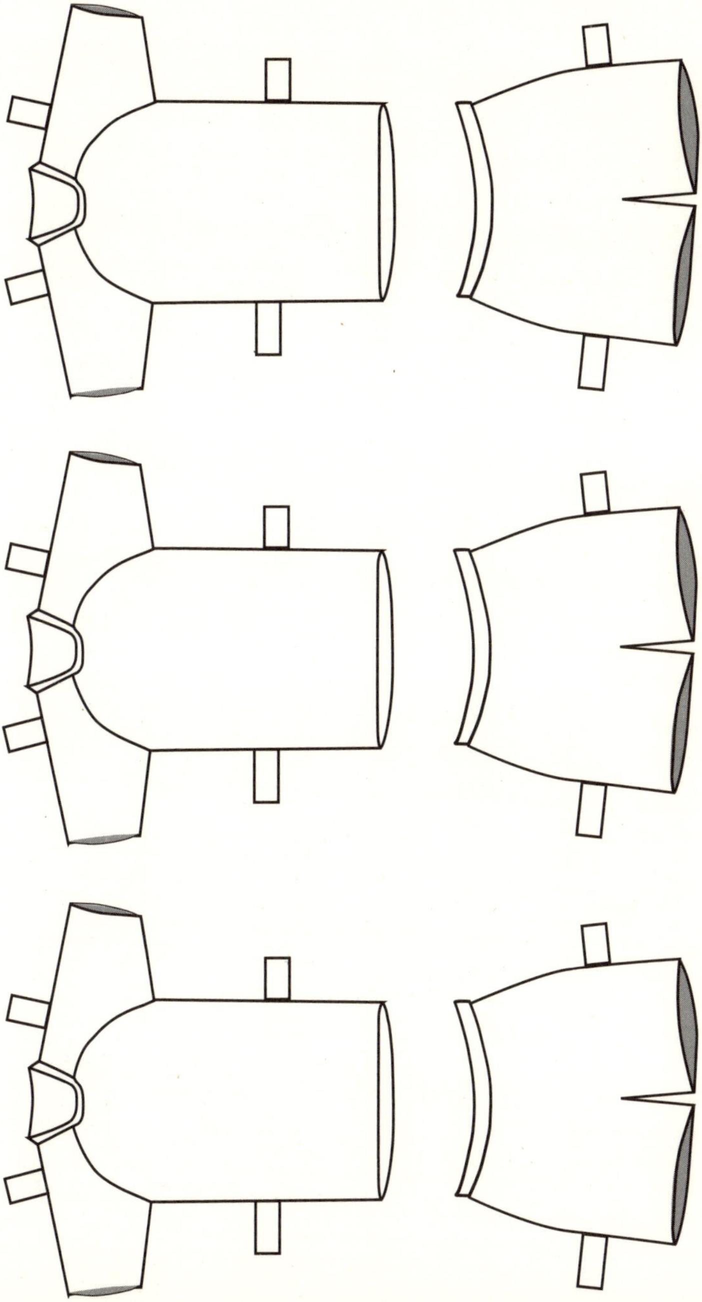

LASS DEN BUNDESADLER FLIEGEN:

Schneide die rechte Seite ab.

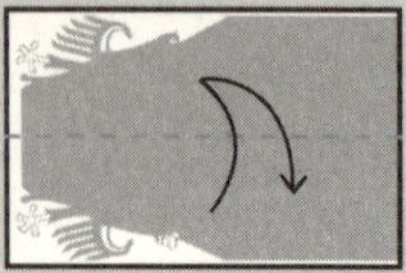

einmal längs falzen (Motiv oben, Flügel links)

Ecken falzen

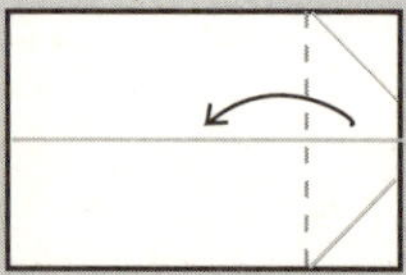

Streifen um-schlagen

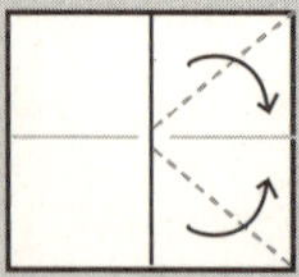

Ecken um-schlagen

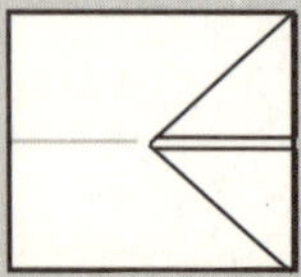

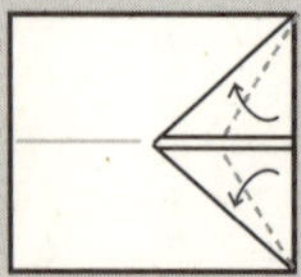

Ecken zurück-schlagen

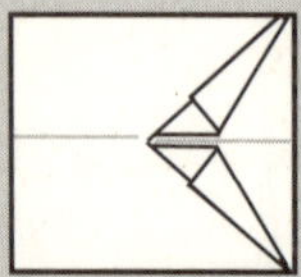

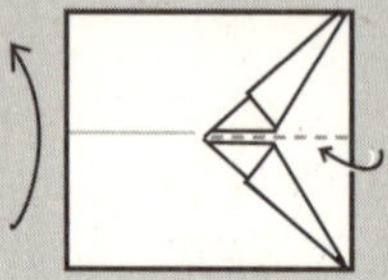

über Längsseite zusammen-falten und Mitte hoch-drücken

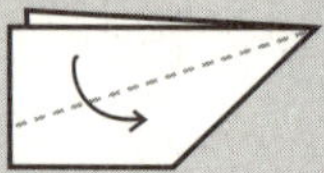

Flügel herunter

hohe Mitte umfalzen und ein-stecken

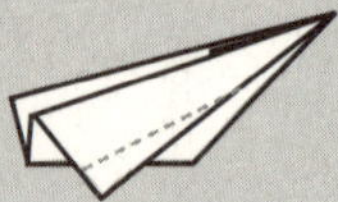

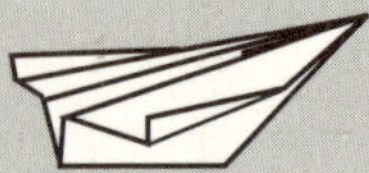

Winglets hochstellen

Fertig!
Los!!

KLEMME

das Buch

ins Autofenster.

Lass deinen
„Deckel“
aus der Kneipe
im Buch
verschwinden.

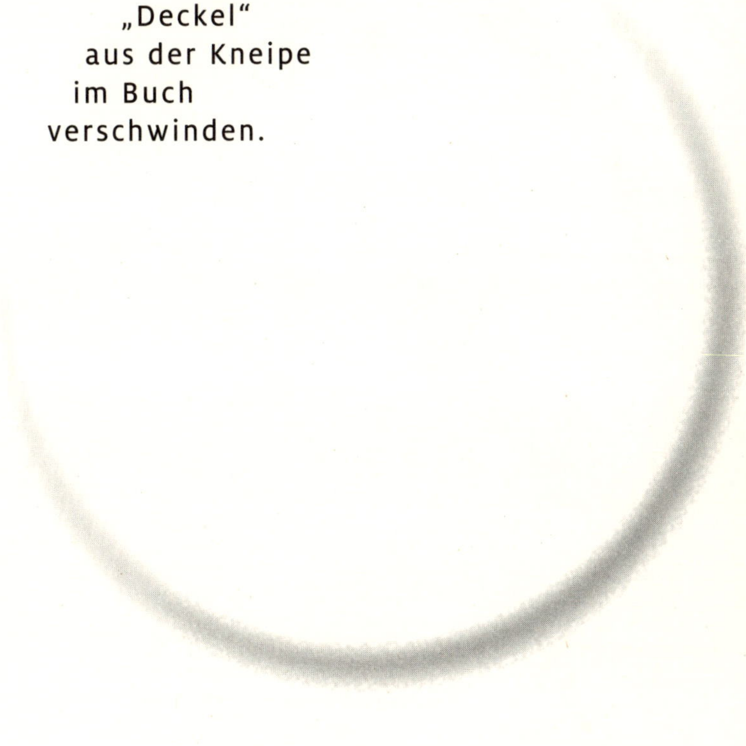

Texte die aktuellen Top Ten zu Fußballliedern um:

TOP TEN

1. ....
2. ....
3. ....
4. ....
5. ....
6. ....
7. ....
8. ....
9. ....
10. ....

top

Iss eine
Stadionwurst
mit dem Buch
als
Wurstanfasser.

Benutze die Seite als Erfrischungstuch!

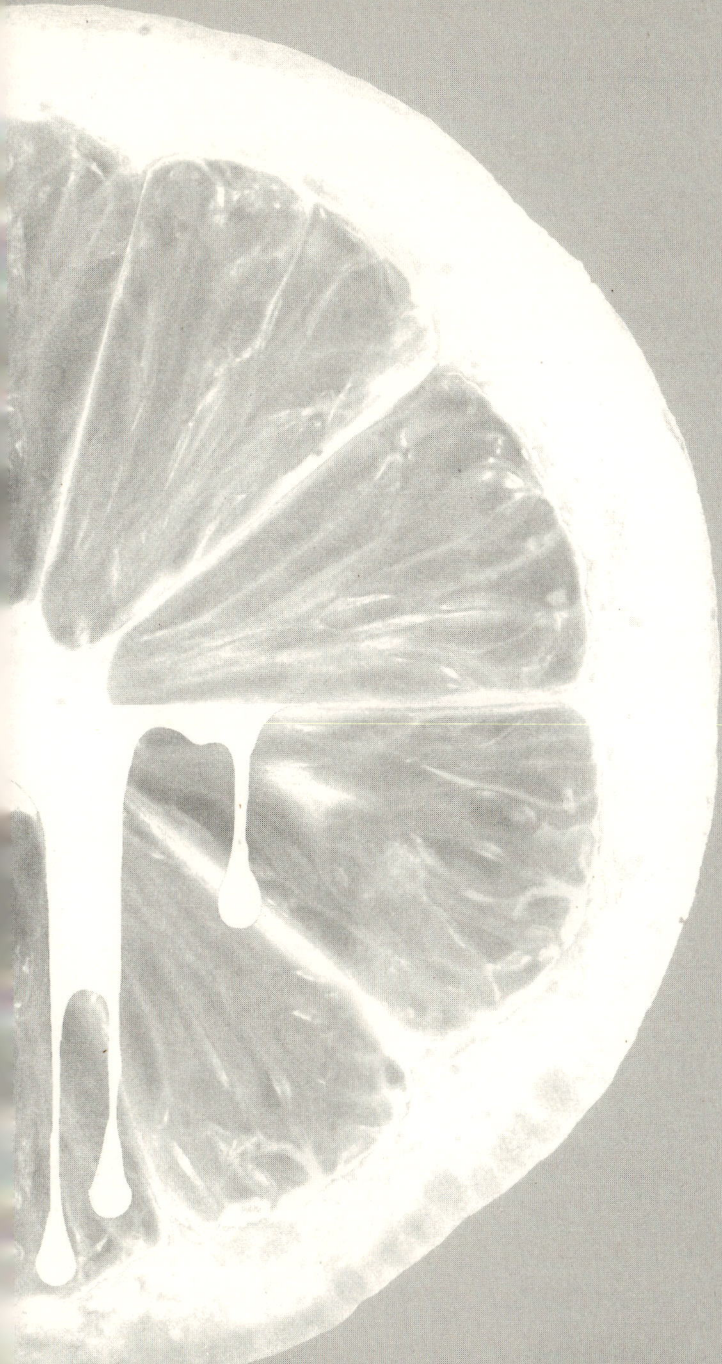

Stell deine Traum-Elf

aus bëruhmten Figuren zusammen:

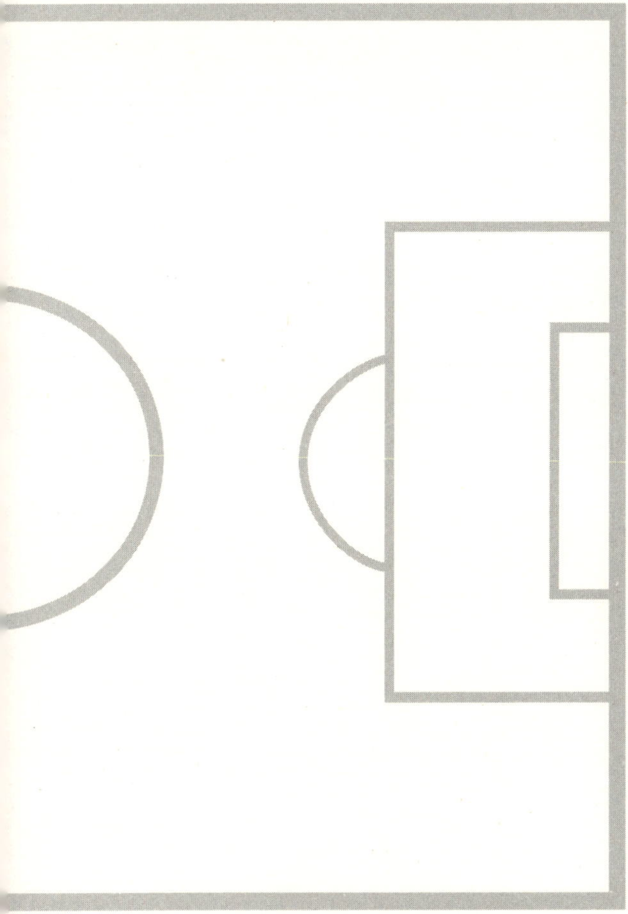

Spiele mit dem Buch h o c h h a l t e n !

VEREINSNAMEN-GENERATOR

FC
TSV
SC
SPVG
VFB

EINTRACHT
BORUSSIA
KICKER
ENERGIE
ARMINIA
ALEMANNIA
...
...

GRÜN WEISS
BLAU WEISS
ROT WEISS
GELB GRAU
...
...

01
02
03
04
05
06
1860
1910
2000
...
...

MIESBACH
GROSSVIECHT
GEISSBACH
BRECHEN
VENUSBERG
MÜLLHEIM
...
...

Benutze das Buch zum

ABREAGIEREN

bei spannenden Spielen.

KLUGSCHEISSER-SPRÜCHE:

1.

2.

3.

4.

5.

6.

7.

8.

9.

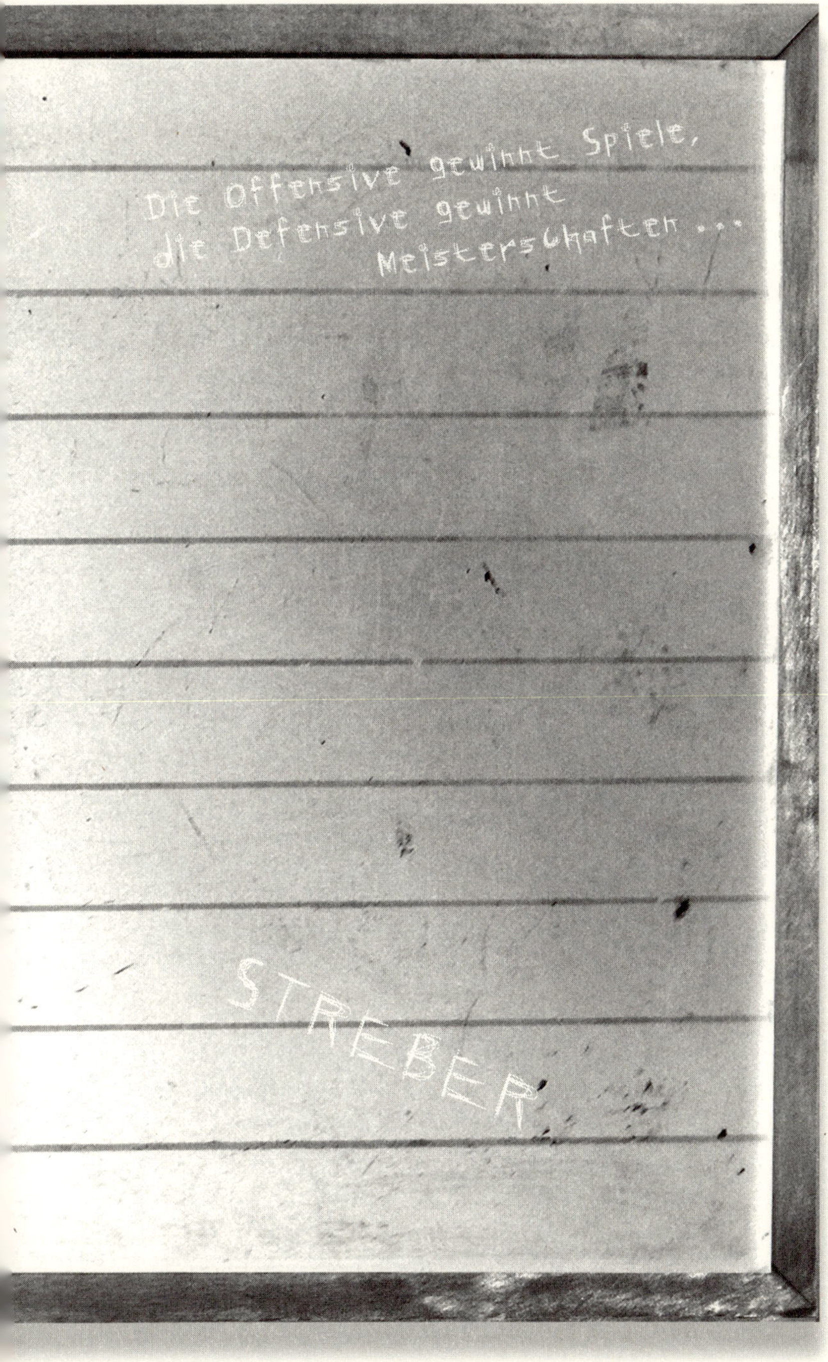
Die Offensive gewinnt Spiele,
die Defensive gewinnt
Meisterschaften ...
STREBER

Male eine Schwalbe …

Skizziere die Abseitsregel:

X = Verteidiger
O = Angreifer

Designe ein *schöneres* Trikot für deine Lieblingsmannschaft ...

ein HÄSSLICHES Trikot für deine Hassmannschaft.

Bastle eine Tröte!

Entwirf eine Eckfahne!

MUSTER

WER KENNT DIE MEISTEN

SPIELER 1

:	
:	
:	
:	
:	
:	
:	
:	
:	
:	
:	
:	
:	
:	
:	
:	
:	
:	

SPIELERSPITZNAMEN?

SPIELER 2

:

:

:

:

:

:

:

:

:

:

:

:

:

:

:

:

:

:

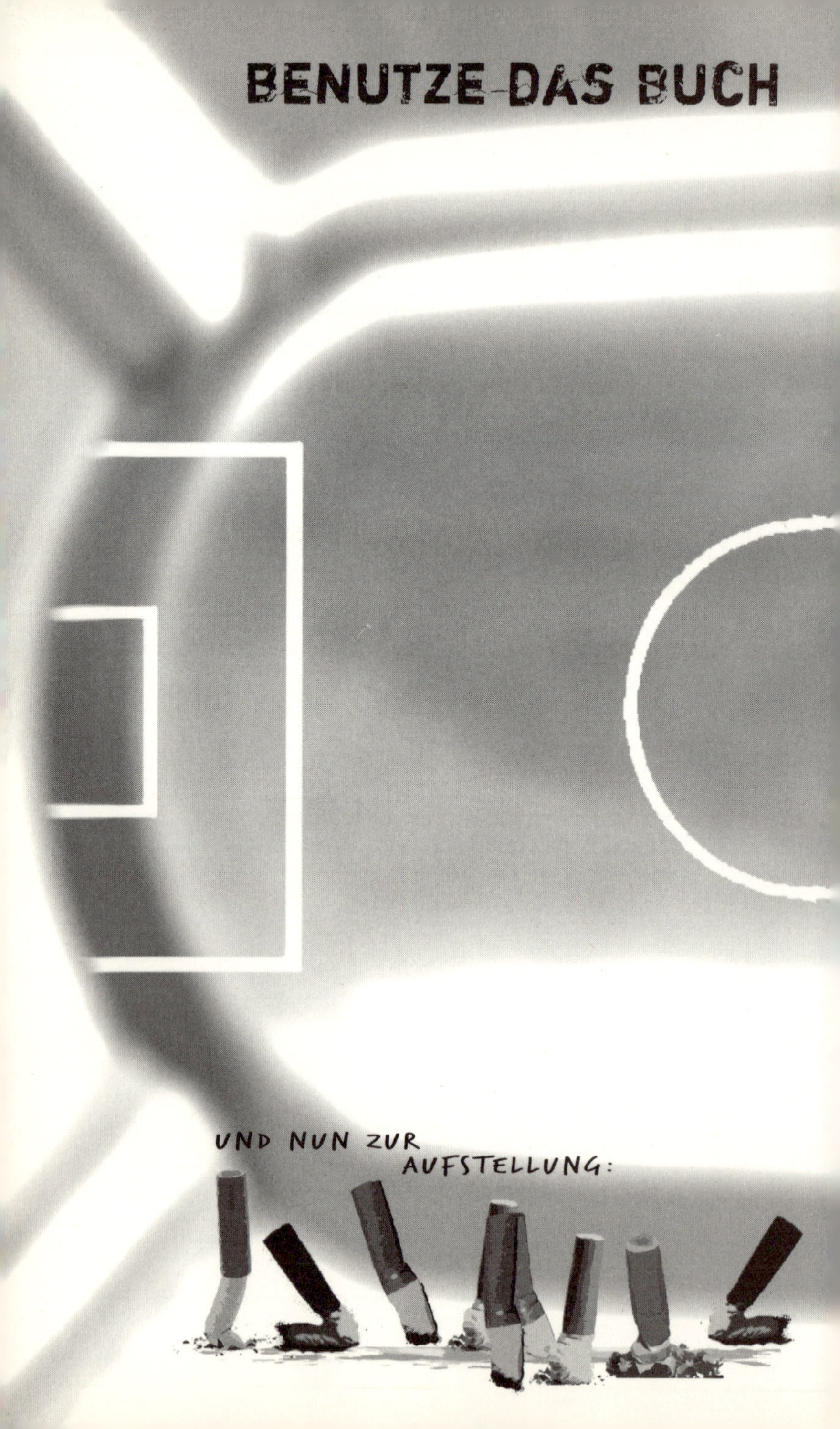
BENUTZE DAS BUCH
UND NUN ZUR AUFSTELLUNG:

ALS ASCHENBECHER!

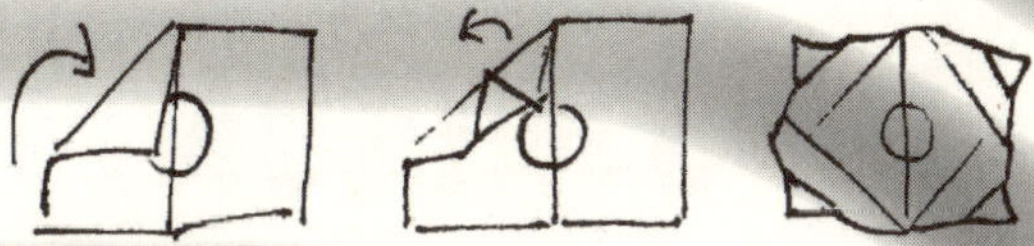

SETZ DICH IM STADION

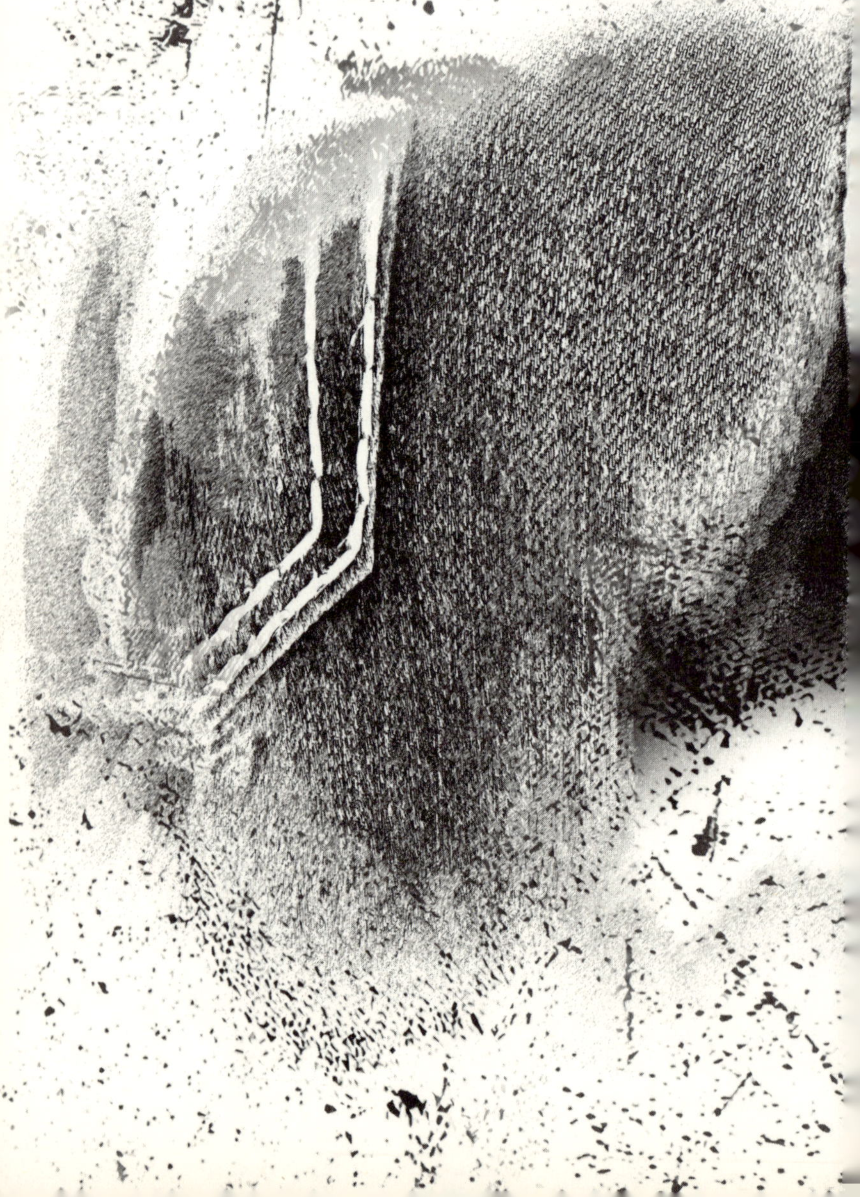

AUF DAS BUCH!

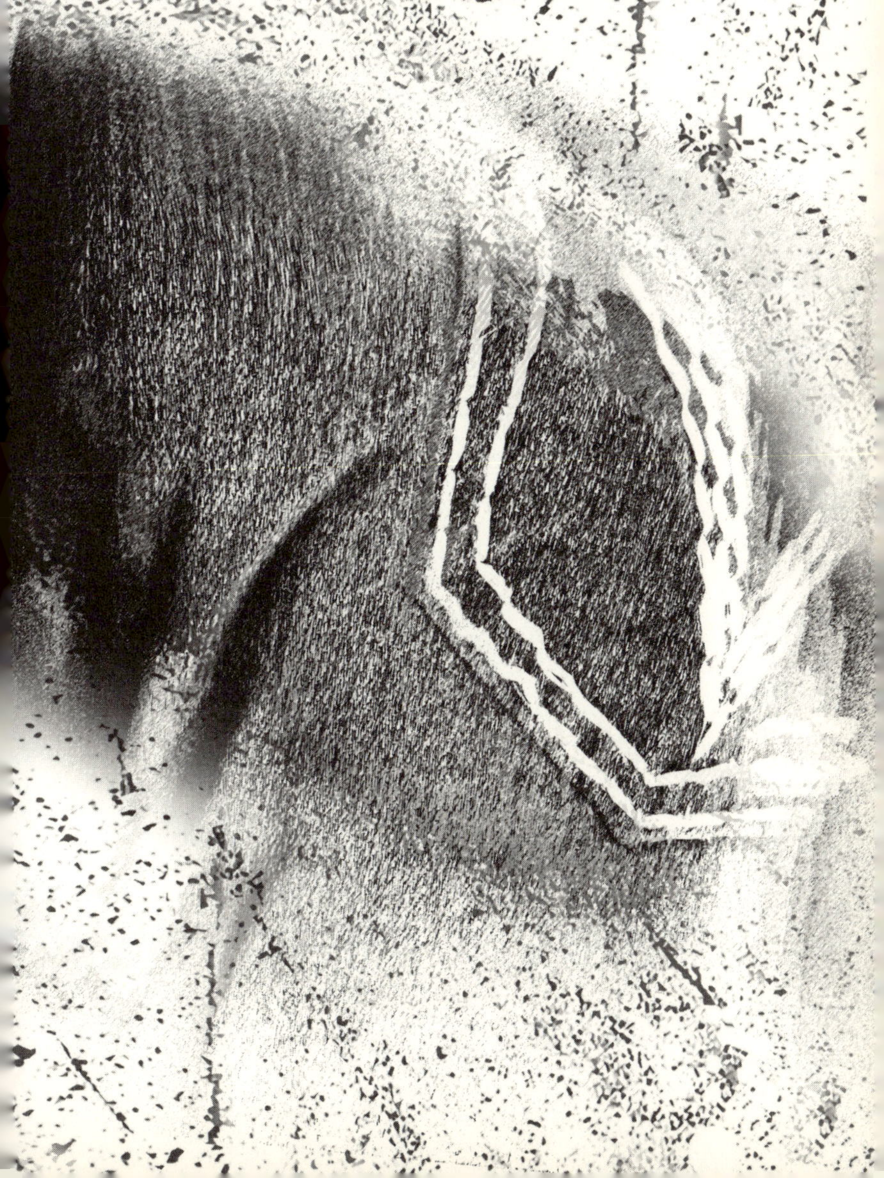

Wer kann das Buch ....

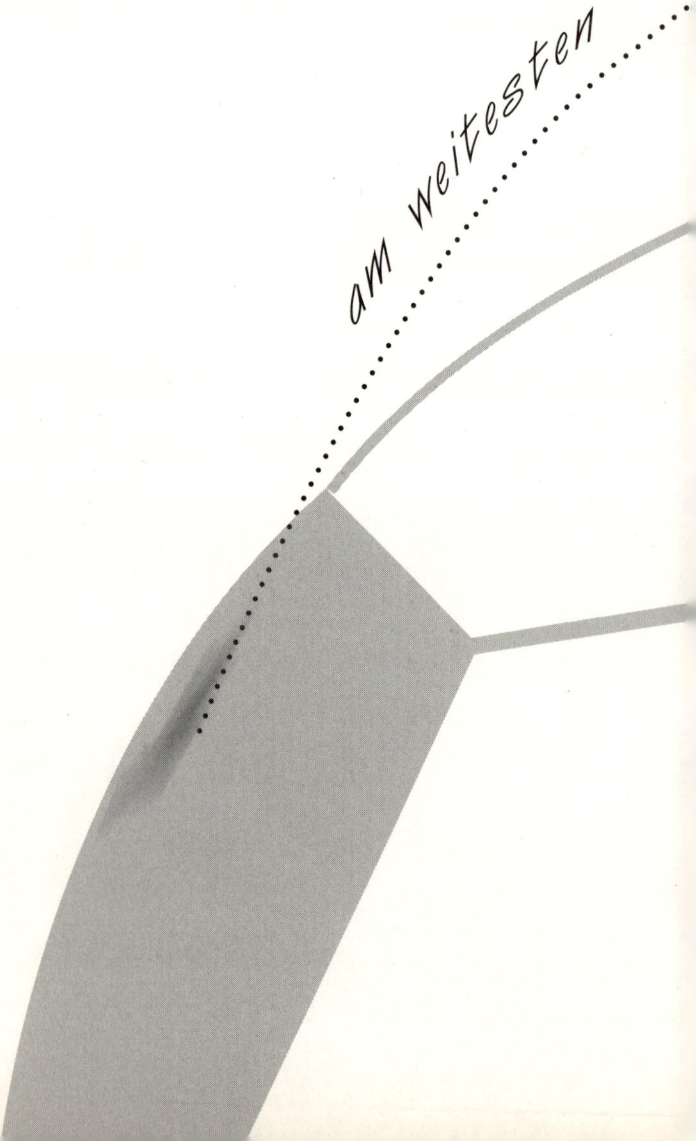

schießen ?

Erkläre hier
deinen besten Fußballtrick
als Bildergeschichte:

Ideen
für die fiesesten Fouls:

BUH

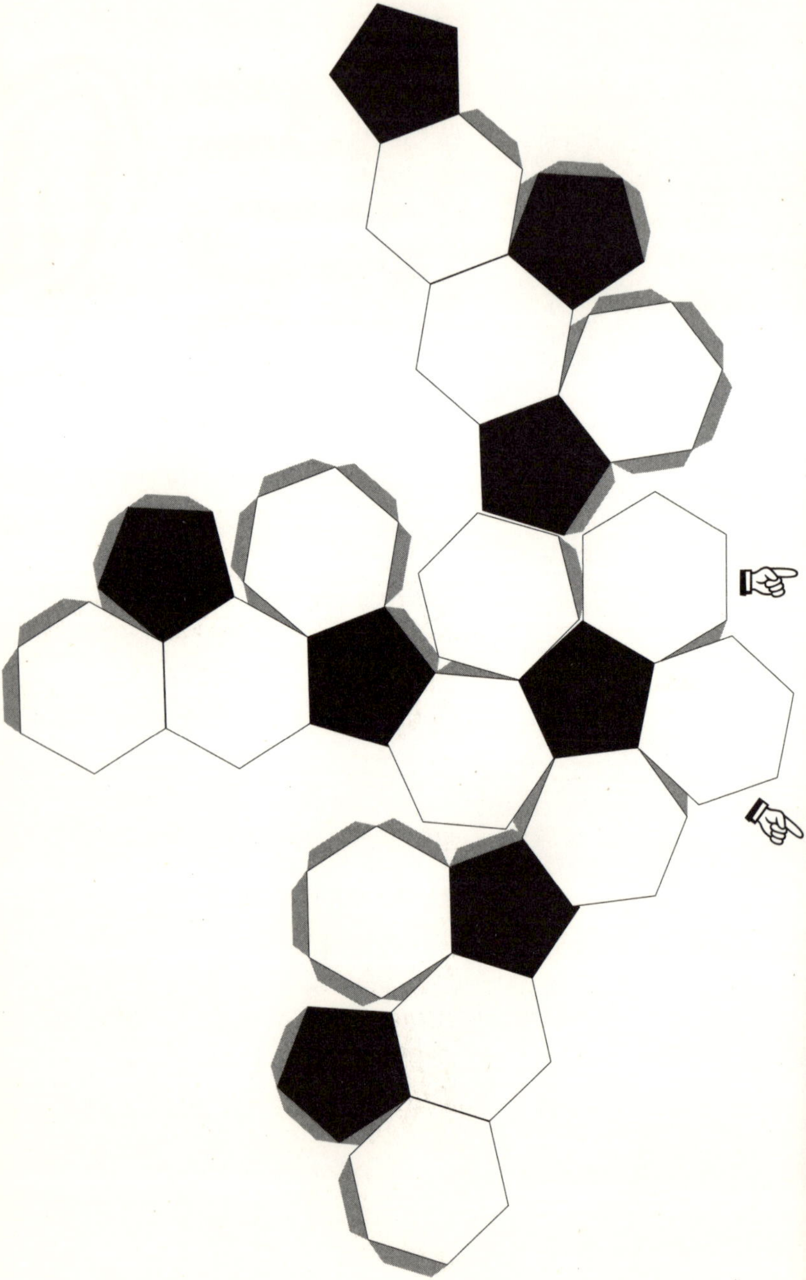

Bastle einen Fußball!

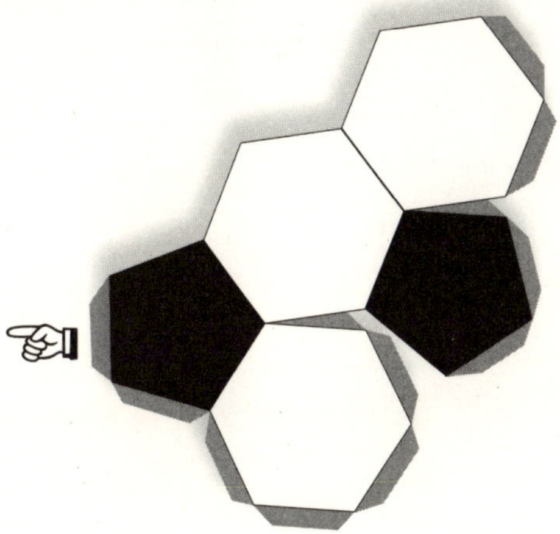

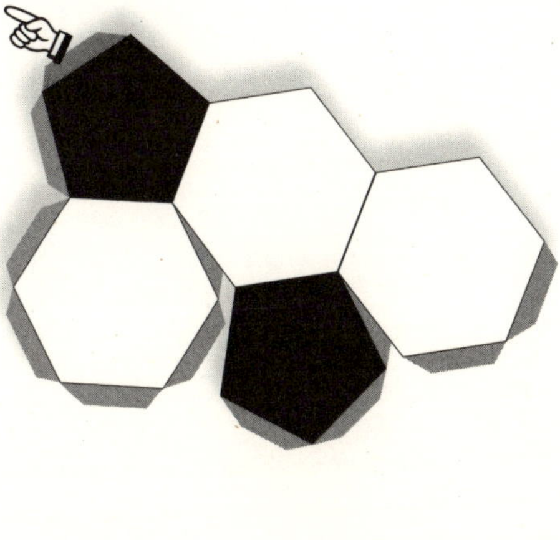

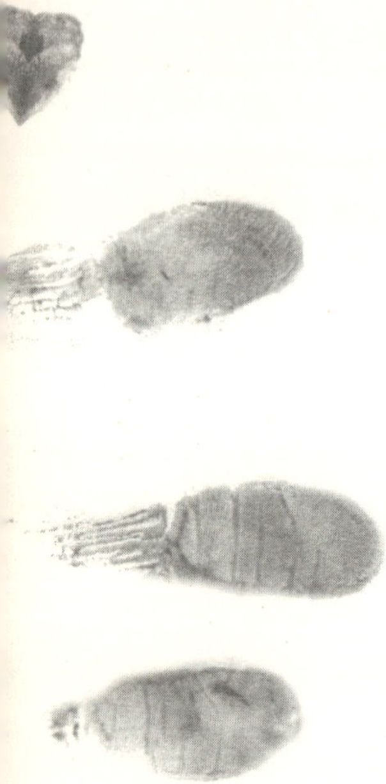

Benutze das Buch

als Torwarthandschuh:

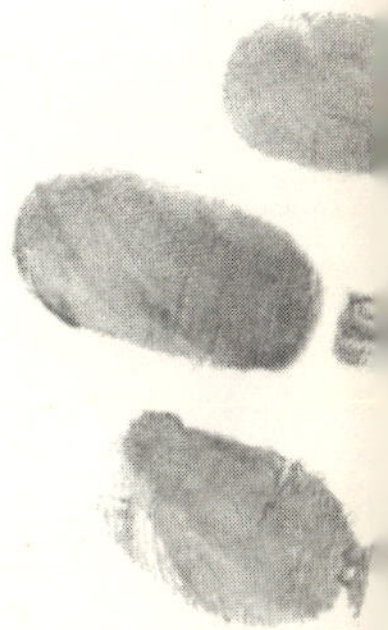

Sticke die Optimale Mannschaftsaufstellung

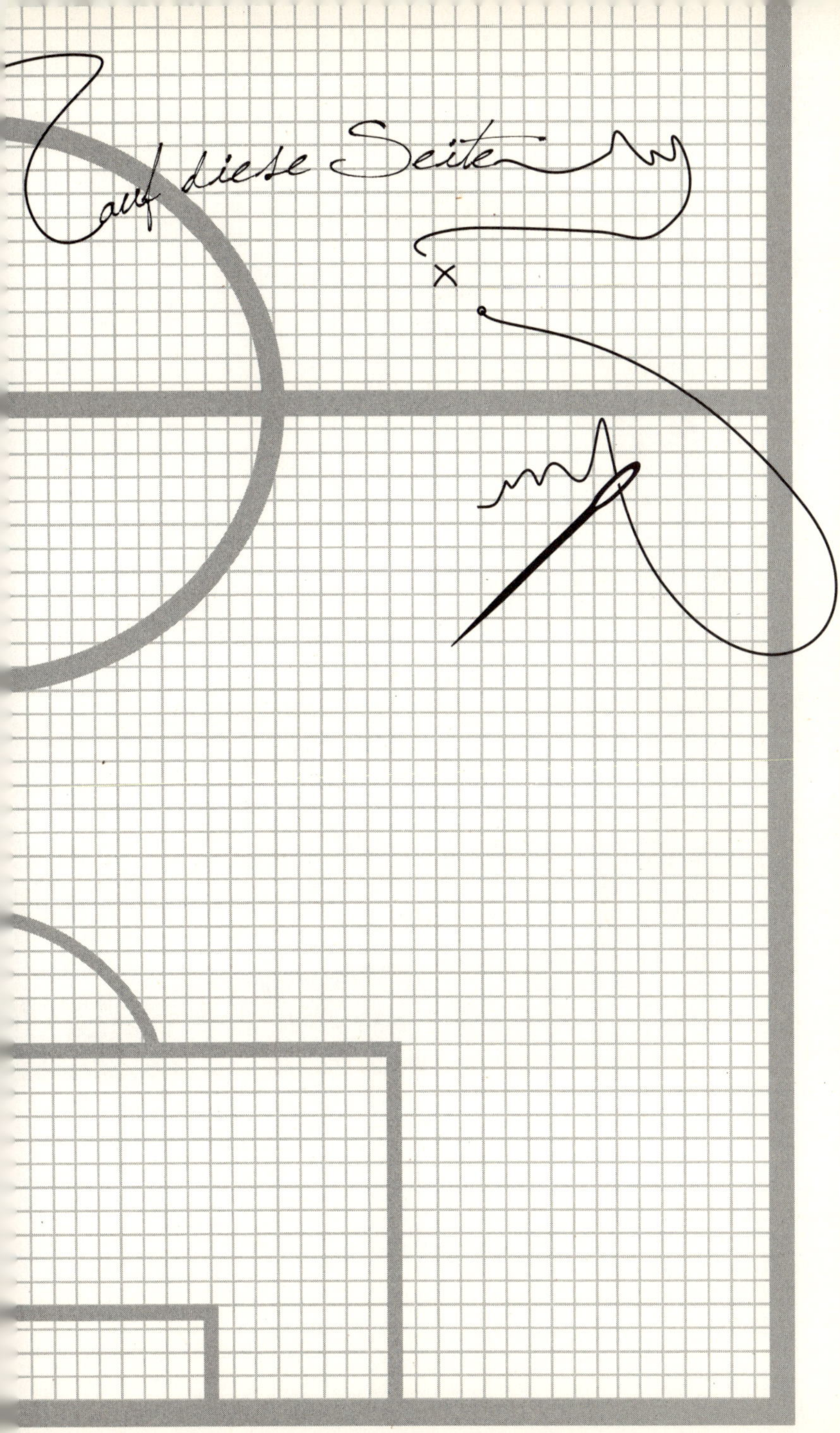
auf diese Seite

Tausche das Trikot:

10
KeinBuch
FUSSBALL

Entwirf eine

Verlierer-Urkunde:

Die besten Ablenkungsmanöver, um in Ruhe

Fußball schauen zu können:

Fernbedienungs-
Schutzhülle

- zur Konzentration auf
das Wesentliche!

Freischneiden

Falzen

Kleben

UMSCHALTSCHUTZ

Male ein Fußball-Daumenkino

in die Ecken.

Fußballregeln,
die du dir schon immer
gewünscht hast:

Verleihe dem langweiligsten Verein

einen Pokal:

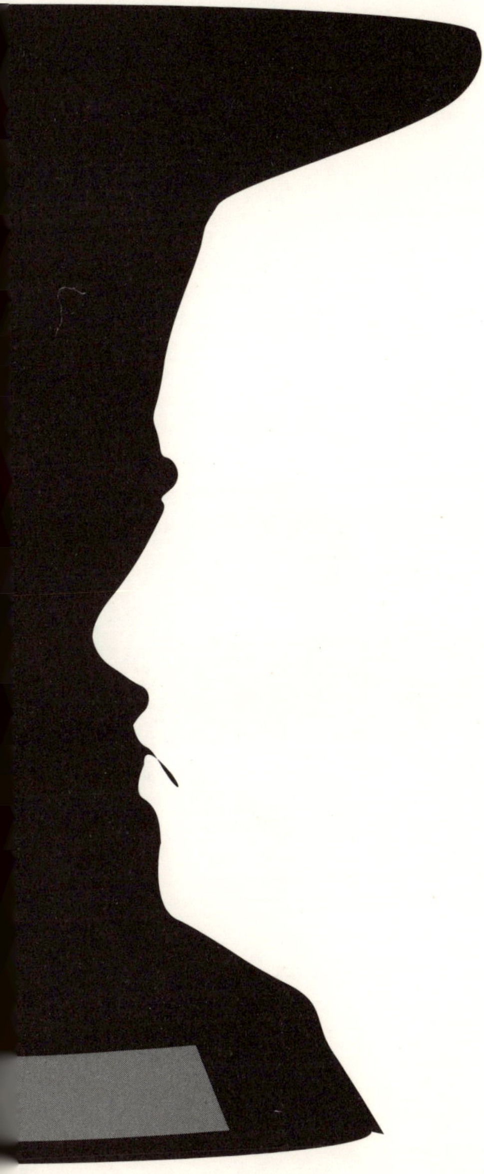

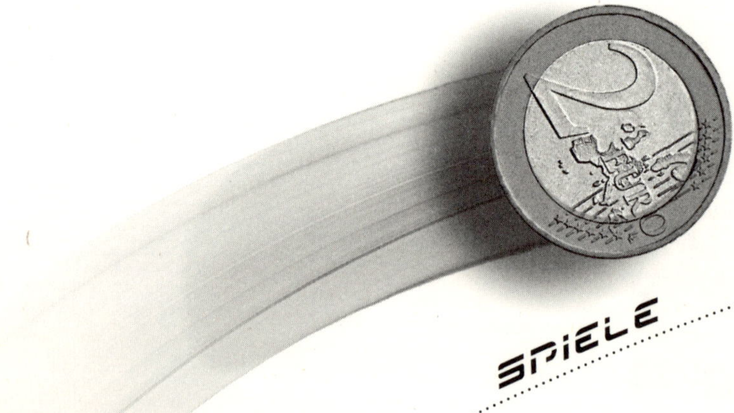

SPIELE

MÜNZFUSSBALL!

BENUTZE DIESE SEITE
ALS PFLASTER ...

UND KLEBE SIE
HIER WIEDER EIN.

Beim nächsten Kneipenabend:

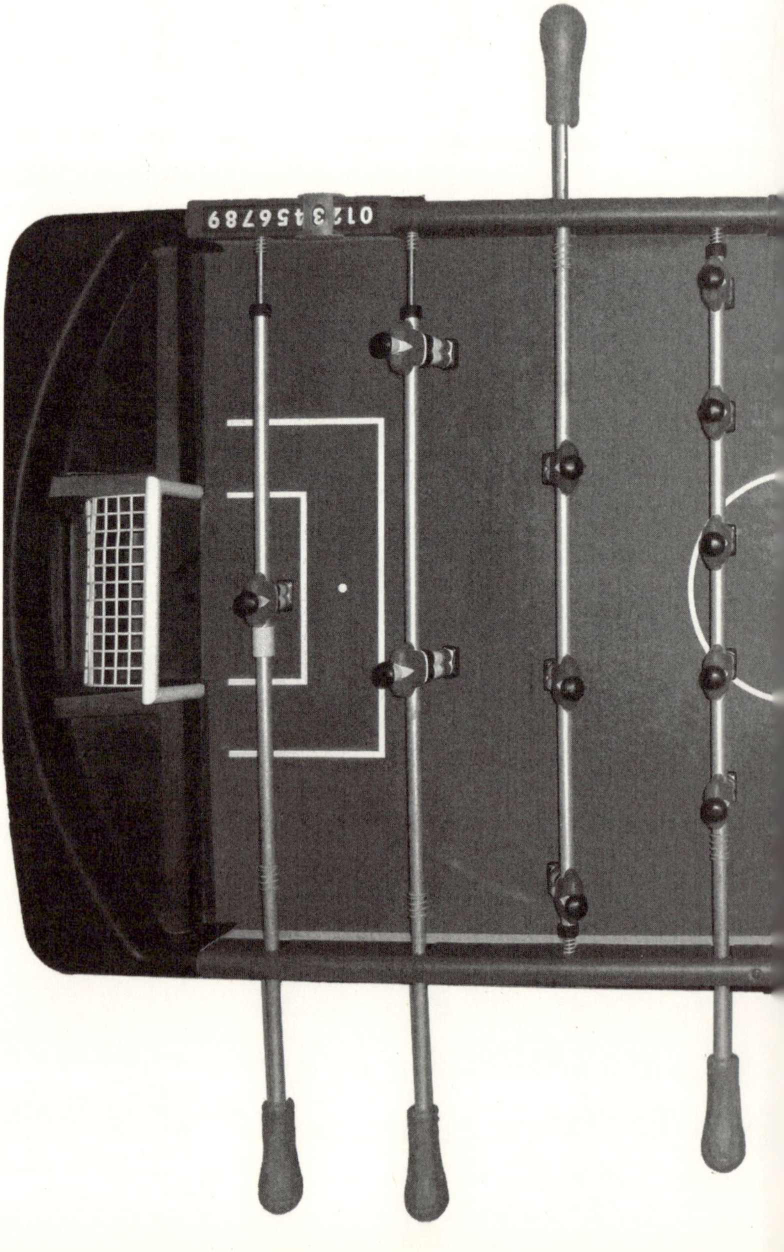

Spare Geld

mit dem Buch.

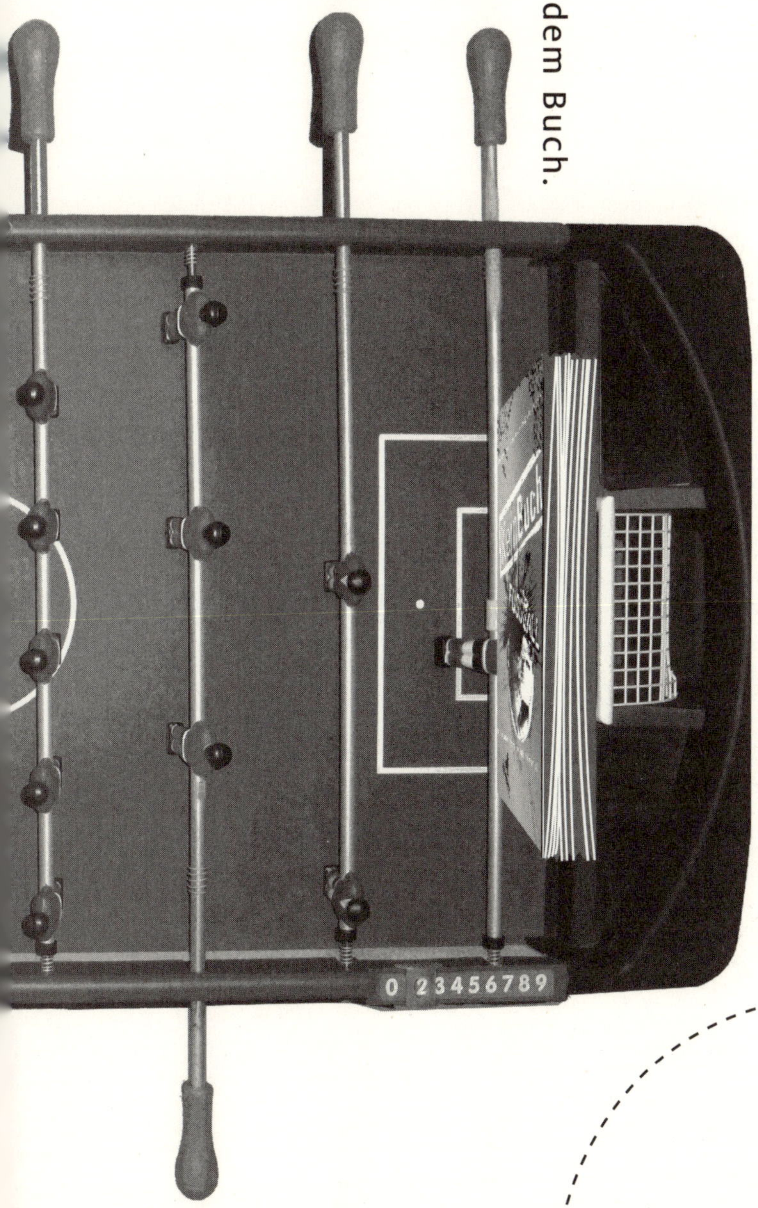

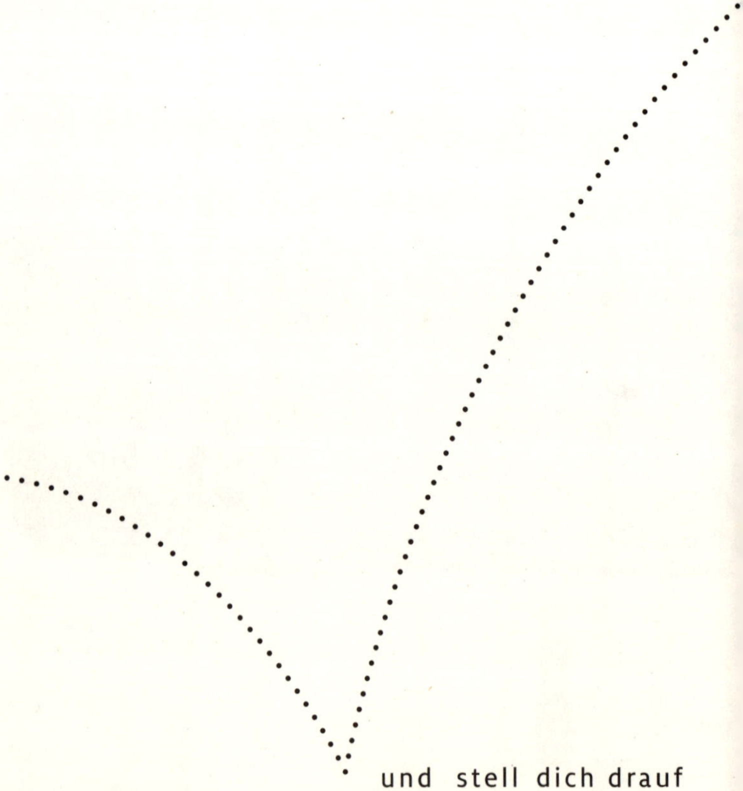

und stell dich drauf

Sammle KeinBücher zum Public Viewing

um besser zu sehen!

Tanze den Namen deines

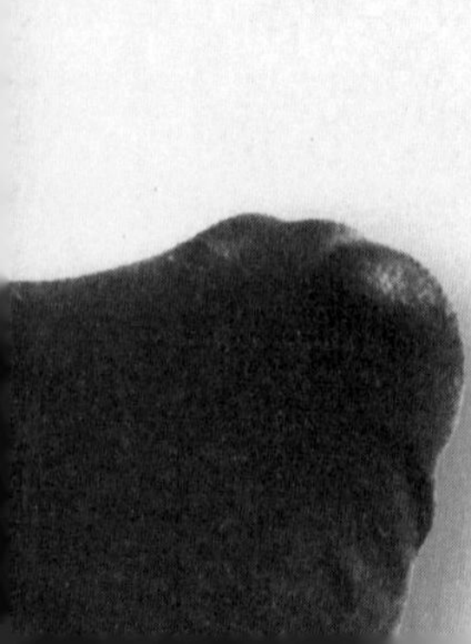

Lieblingsvereins.

Tipp: Frage einen Waldorfschüler!

Hier
ist
Platz
für
deine
Eintritts-
karten:

Öffne eine Bierflasche mit dem Buch.

Schütze deine Schienbeine mit dem Buch.

Schieße Kronkorken in das Tor von Seite 3!

Klebe dein hässlichstes
Fußballfoto hier ein:

Platz für Fußball-Tätowierungen:

Wenn die
Hooligans
von der
gegnerischen
Mannschaft
mal wieder
zu laut
sind:

... hier reißen
... hier rollen!!

Mach einen Fallrückzieher mit dem Buch.

KeinBuch

für Flitzer

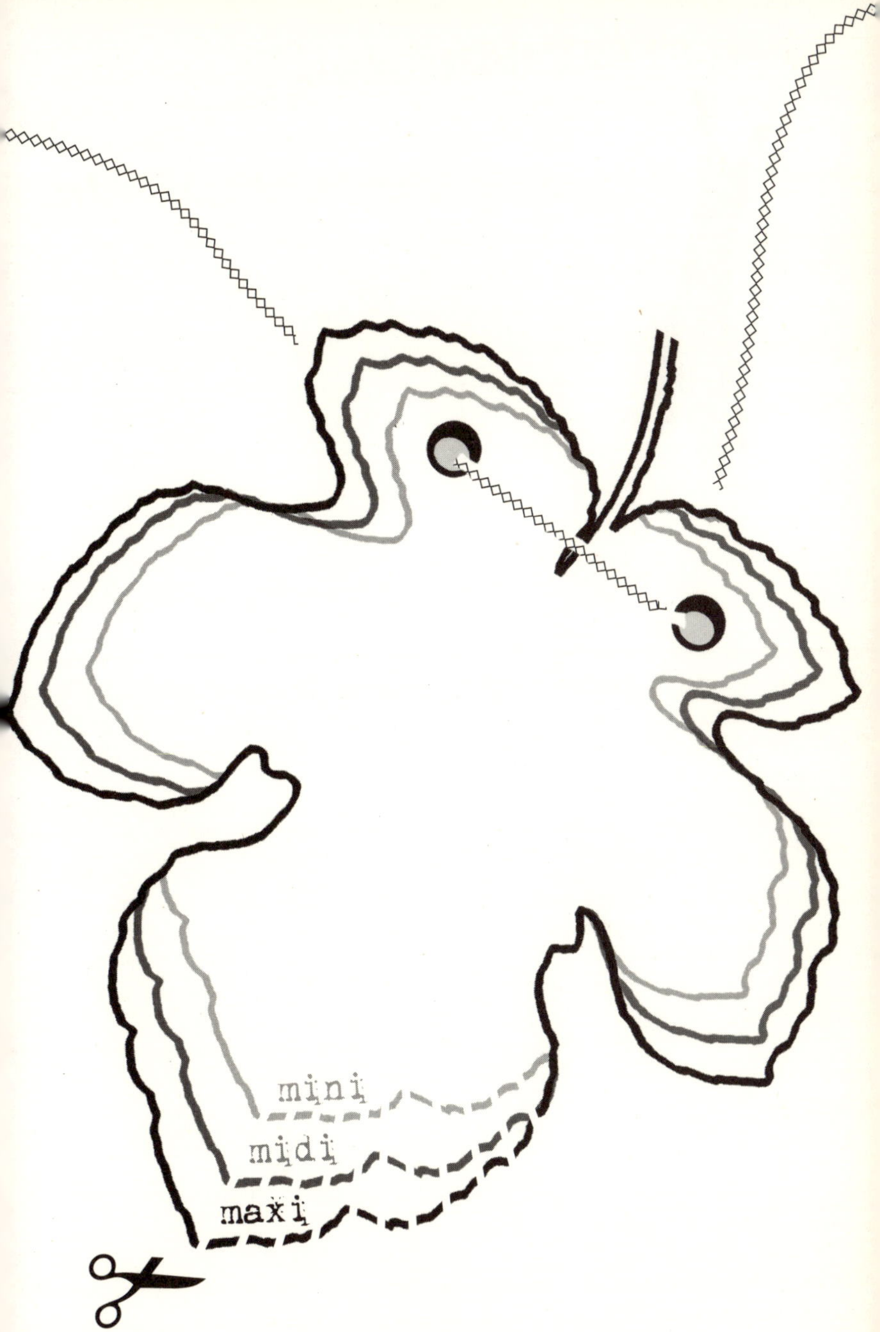
mini
midi
maxi

Denke dir Racheaktionen gegen den schlechtesten

Schiri aus:

Schreibe lustige Fußballernamen

FRANCK RIBERY

RÜCKWÄRTS!!

YREBIR KCNARF

KCALLAB LEAHCIM

AHNIRIEROMA OADA LEINAD SEDEPIRUE

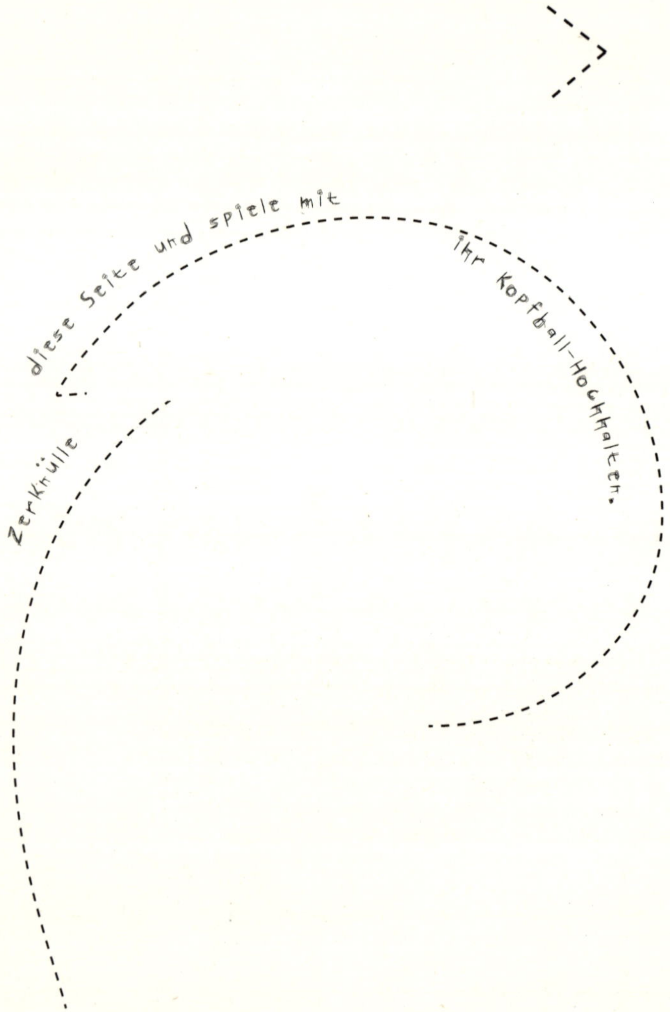
Zerknülle diese Seite und spiele mit ihr Kopfball-Hochhalten.

Stricke den Jogi
Löw Gedächtnis-
schal

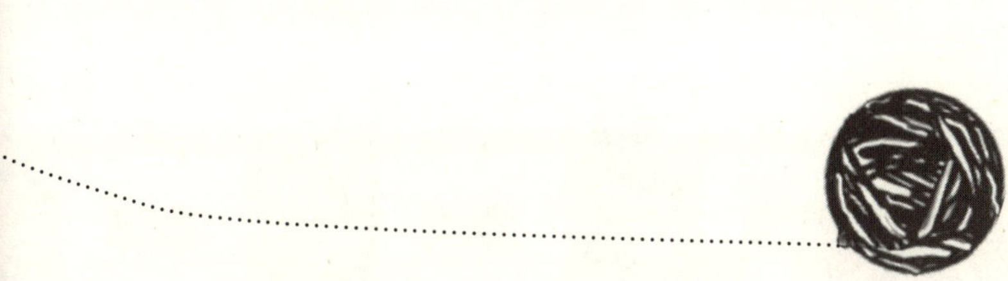

DEINE
ANZEIGETAFEL:

012

HEIM

789

3456

GAST

10 11 12

11 gute Gründe, warum das Spiel mal wieder länger gedauert hat.

Ziele eine Papierkugel aus diesen
in ein fremdes

und klebe sie hier
wieder ein.

Seite
Bierglas

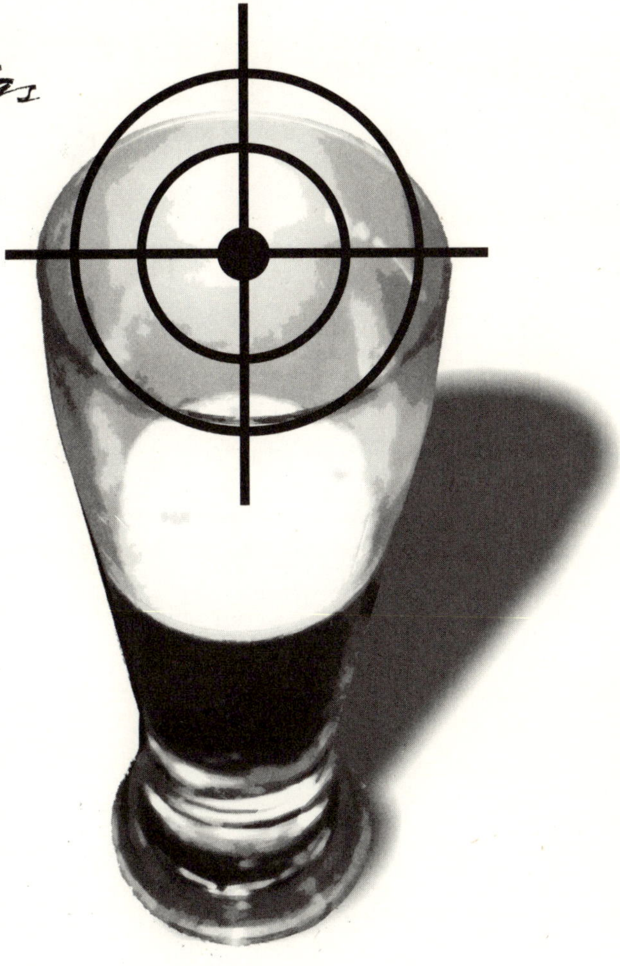

Platziere einen ABDRUCK von deinem

Fußballschuh im Buch.

Bastle einen Würfel
aus der Seite
und entscheide, wer
das nächste Getränk bezahlen muss.

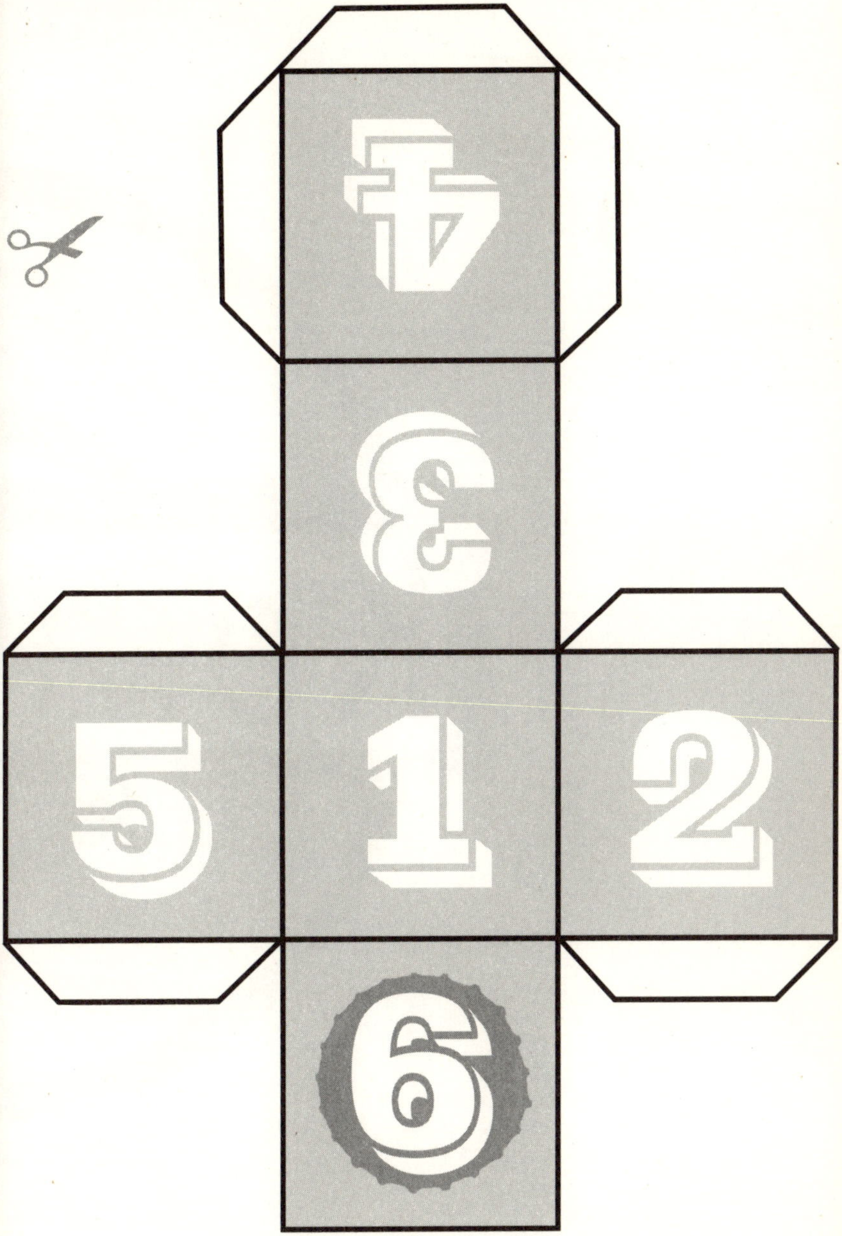
4
3
5
1
2
6

Benutze das Buch

Kein

Gebraut
bayrischer

~~1,60~~
~~4,50~~
~~4,60~~
8,20

als Bierdeckel!

Buch

in alter Tradition

Shrovetide

Das Shrovetide Spiel dauert zwei Tage und wird in Ashbourne, England an Faschingsdienstag und Aschermittwoch gespielt. Das Spiel startet um 14 Uhr und dauert bis 22 Uhr. Wenn das Ziel vor 17 Uhr erreicht wird, wird ein

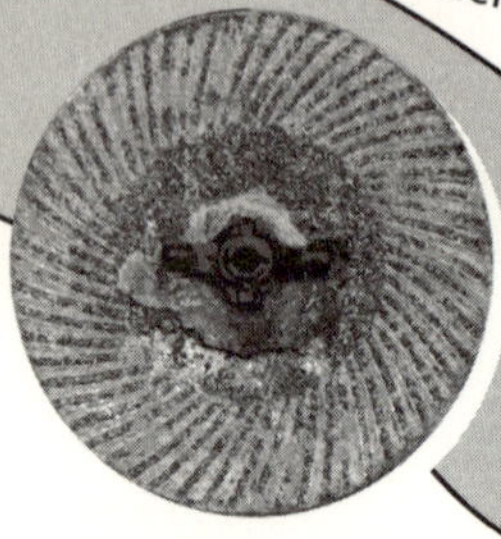

neuer Ball ins Spiel gebracht und das Spiel beginnt von Neuem im Stadtkern, andernfalls endet das Spiel für den Tag. Der Ball darf gekickt, getragen oder geworfen werden, aber hauptsächlich wird er in einer Reihe von hugs – wie in einem riesigen Gedränge beim Rugby – die aus Dutzenden, manchmal

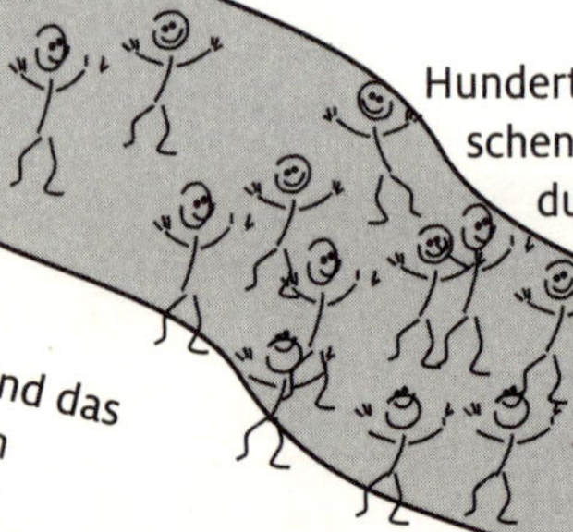

Hunderten von Menschen bestehen, durch die Stadt

bewegt. Die beiden Mannschaften nennen sich Up'ards und Down'ards. Up'ards sind traditionell die Stadtbewohner nördlich des Henmore Brook, Down'ards die von südlich des Flusses. Es gibt 2 Torpfosten, die 3 Meilen voneinander entfernt sind. Der Prozess, den Ball ins Tor zu befördern, erfordert, dass ein Spieler ihn drei aufeinanderfolgende Male an einen Mühlstein schlägt. Dies geschieht dennoch nicht wahllos, denn auf dem Weg zum Tor wird der letztendliche Torschütze auserwählt, der typischerweise ein Einwohner von Ashbourne ist bzw. dessen

Spiele dieses Spiel:

Familie der Gemeinde gut bekannt ist. Die Chance, dass ein „Tourist“ den Ball ins Ziel bringt, ist gering, wohingegen sie sich gerne am Spiel selbst beteiligen können. Sobald ein Ball am Ziel angekommen ist, endet das jeweilige Spiel.

Das Spiel findet innerhalb der Stadt mit unbegrenzt vielen Mitspielern und einem unbegrenzten Spielfeld statt. Es beginnt von einem Sockel in der Innenstadt aus, von wo der Ball, oft von einem Würdenträger, in die Menge geworfen wird.
Der spezielle Ball für das Spiel ist größer als ein handelsüblicher Fußball und gefüllt mit Kork, damit er schwimmt, wenn er – was unvermeidlich ist – im Fluss landet. Er wird von einheimischen Kunsthandwerkern eigens für diese Gelegenheit handbemalt und das Design wird üblicherweise auf den Würdenträger, der den Spielstart vornimmt, abgestimmt.

Sobald der Ball ins Ziel gebracht wurde, wird er mit dem Namen und dem Design des Torschützen übermalt und dieser darf ihn dann behalten.
Seit 1981 wird eine „Roll of Honour“ geführt, die sowohl den Spielstarter als auch den Torschützen jedes Spiels festhält. Hier lässt sich nachverfolgen, dass das Spiel während dieser Zeit nur zweimal ausfiel: 1968 und 2001, beide Male wegen Ausbruchs der Maul- und Klauenseuche.

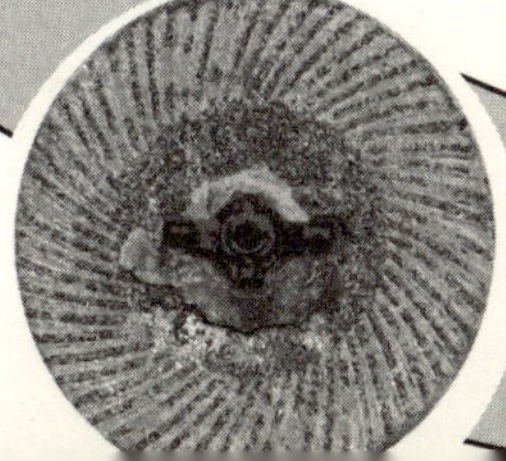

Entwirf die erste GELB-ROTE-KARTE

der Welt!

Sammle Negative
über Deine

Zeitungsartikel

Hassmannschaft.

Male dein Lieblingsstation

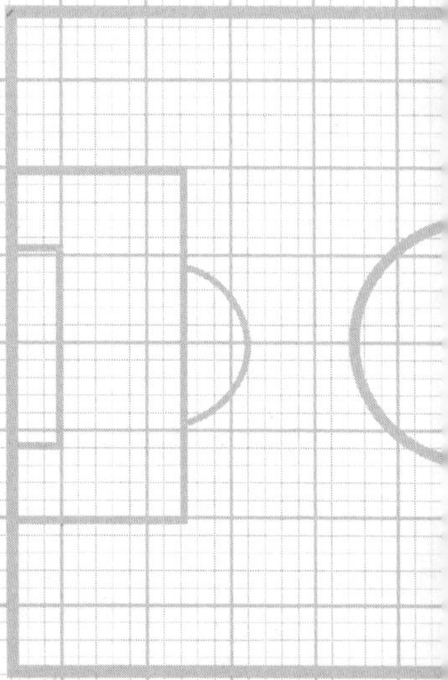

Du brauchst Elektrik, mal 'ne Pause, Hilfe, Parkplatz,

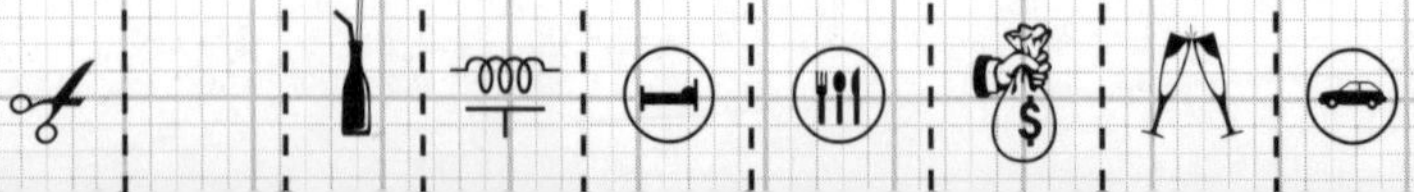

Fußballerfrauen ... und viiiiel Platz!

Zeichne die Schlüsselszenen des letzten Spiels

aus dem Gedächtnis nach.

Gesucht: die blödesten Sprüche des dümmsten Fußballspielers aller Zeiten:

»Da kam dann das Elfmeterschießen. Wir hatten alle die Hosen voll, aber bei mir lief's ganz flüssig.«

Paul Breitner

»Ich hatte vom Feeling her ein gutes Gefühl.«

Andreas Möller

Benutze das Buch

als Elfmeterpunkt.

Die besten Werbepartner für Fußballspieler:

OLIVER  `s BOOTSMESSE ....

CLAUDEMIR  ....

MICHAEL ......  -  ....

....

....

....

....

....

....

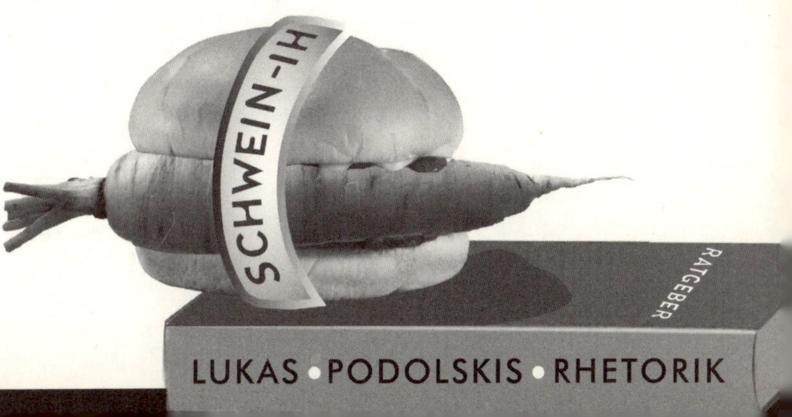
SCHWEIN-IH
RATGEBER
LUKAS • PODOLSKIS • RHETORIK

Stell die Mauer selbst auf! ....

ausschneiden + auf den Fernseher kleben!

Veranstalte einen Fußball-Abend,
an dem ihr möglichst viele

Anregungen aus dem
KeinBuch Fußball umsetzt.

Endlich

WUNSCH - ABSCHLUSS

PLATZ	CLUB	SPIELE	SIEGE	UNENTS
1				
2				
3				
4				
5				
6				
7				
8				
9				
10				
11				
12				
13				
14				
15				
16				
17				
18				

Meister!

- TABELLE

HIEDEN	NIEDERLAGEN	TORE	DIFF.	PUNKTE	
		:			
		:			
		:			
		:			
		:			
		:			
		:			
		:			
		:			
		:			
		:			
		:			
		:			
		:			
		:			
		:			
		:			
		:			
		:			
		:			

KeinBuch®
FUSSBALL

Ich habe fertig:

Name

Ort

Datum

Unterschrift

Lust auf noch mehr

KeinBuch
Nicht lesen. Machen!
ICH
&
KeinBuch
Nicht lesen. Machen!

KeinBuch?

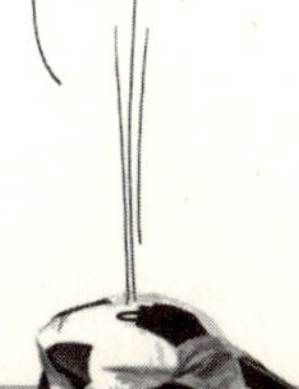

Abpfiff